AF266353

LETTRES

ADRESSÉES

PAR M. LEPRINCE

A L'ASSEMBLÉE GÉNÉRALE

DU DISTRICT DE S. VICTOR.

LETTRES

ADRESSÉES

PAR M. LEPRINCE

A L'ASSEMBLÉE GÉNÉRALE

DU DISTRICT DE S. VICTOR.

M ESSIEURS & CHERS CONCITOYENS.

Un Mémoire a paru, signé Guillotte, dans lequel je suis griévement inculpé.

Vivant dans une retraite écartée, qui n'étoit guère connue que de mes amis, j'aurois négligé une justification inutile pour eux : mais chargé de vous représenter à la Commune, je dois me disculper, non pas pour moi, mais pour vous. Vous ne devez point avoir à rougir du choix que vous avez fait.

Le sieur Guillotte me reproche d'être aristocrate, d'être entré dans ses querelles avec son frere pour entretenir leur division, de vivre séparé de ma femme, & enfin de n'avoir adopté votre District, que pour servir ma vengeance contre lui.

Je dois distinguer dans cette accusation ce qui attaque mon civisme, d'avec ma vie privée; vous n'attendez pas sans doute de moi des détails sur l'intérieur de ma maison. Eh ! qu'importent à la chose publique les malheurs domestiques que je puis avoir éprouvés ? Ce qui lui importe, c'est qu'au milieu des crises qui nous ont agités, j'aie donné des preuves de patriotisme, que je ne me sois jamais écarté de ses principes, & que j'aie concouru à la défense commune.

Dans les journées des 12, 13 & 14 Juillet, lorsque l'aurore de notre liberté étoit encore obscurcie par les orages, je me suis présenté au District le plus prochain. J'ai offert mes services; j'ai envoyé mes armes, en un mot, j'ai partagé votre dévouement (*).

(*) J'ignorois alors de quel District je pouvois être, de S. Victor, ou de S. Marcel. Dès le 12, j'avois fait passer à M. Acloque, Président de celui de S. Marcel, mes deux fusils ; l'un a été perdu, & l'autre ne m'a été renvoyé que brisé. Enfin dans mon incertitude, j'ai fait monter la garde dans les deux Districts, & offert

Quant à mes principes, s'ils n'eussent pas été purs, si je n'avois été animé par l'amour de la Patrie & de mes Concitoyens, vous n'auriez pas jeté les yeux sur moi, pour concourir à la destruction de l'ancien régime.

On me reproche d'être aristocrate, & d'improuver une révolution à laquelle vous savez, Messieurs, que j'ai pris part dès l'origine : mais si ce reproche étoit fondé, si je voyois avec peine les François s'agiter pour la liberté, qui me forçoit à venir au milieu de vous ? Ne pouvois-je pas, enveloppé dans mon prétendu épicurisme, attendre en paix les événemens ? Je me suis montré ; j'ai partagé les dangers & l'anxiété publique. On le sait, & ne pouvant accuser ouvertement mon patriotisme, on emploie des voies détournées & criminelles, pour le rendre douteux & suspect.

On me reproche d'occuper des places à la Cour. Certes, voilà la première fois que l'honneur d'appartenir à Sa Majesté & à la Famille Royale, a pu donner lieu à noircir les intentions d'un Citoyen. S'il suffisoit d'un tel motif, pour se voir dévoué à l'animadversion publique, combien de personnes respectables se

____

mainte fois mon service personnel dans celui de S. Victor, lorsque je l'ai reconnu pour le mien.

A iij

trouveroient compromifes avec moi. Je pour-
rois faire fentir ici les conféquences graves de
l'imprudente dénonciation du fieur Guillotte.
Mais je m'arrête, & le refpect qui vient pofer
des bornes à ma défenfe, auroit dû l'arrêter
lui-même dans de pareilles inculpations.

Cependant quel eft cet homme qui fe fait
le Chevalier de la Patrie, & qui fe permet
d'attaquer les Citoyens dans des opinions qu'il
leur prête ? Eft-ce un de ces mortels éclairés,
dont l'ame forte & courageufe a foupiré long-
tems dans l'attente de la liberté ? Eft-ce un
de ces enfans du génie, dont les écrits ren-
verfant les préjugés, ont pofé les premières
bafes de la révolution ? Eft-ce enfin une de
ces victimes infortunées de l'ancienne adminif-
tration, qui lèvent vers le Ciel des mains al-
légées du poids de leurs fers ? Non fans doute.
Eh ! quel eft-il donc ce nouvel amant de la
liberté ? C'eft un homme dont les places, les
penfions & l'exiftence ont toujours dépendu
de la Police.

Les grandes révolutions qui changent la face
des Empires, produifent auffi dans la fortune
des particuliers des révolutions qui ont des
fingularités piquantes.

Dans la confufion des rangs, le fieur Guillotte s'eft élevé. D'Infpecteur de Police, il

s'eſt trouvé à la tête d'hommes libres. L'agent ſubalterne du deſpotiſme, s'eſt vu métamorphoſé en inſtrument de la liberté. La même révolution s'eſt-elle faite dans ſes opinions ? Il faut le croire, mais la droiture de ſes actions devroit en être la meilleure preuve.

M. le Chevalier me fait enſuite l'honneur de m'introduire dans ſes affaires de famille, en m'accuſant d'avoir voulu entretenir les diviſions qui règnent entre lui & M. ſon frère. Je ne m'étendrai pas ſans doute ſur les faſtidieux détails qu'il a cru devoir rendre publics. Je me contenterai de rapporter quelle eſt la part que j'ai dans tout ceci.

J'étois un matin au Diſtrict, le fils de M. Guillotte l'aîné venoit de rentrer dans la place d'Aide-Major, par la démiſſion volontaire de M. Pouchain, à qui le Diſtrict l'avoit déférée. M. ſon père s'y étant préſenté, & m'ayant fait à ce ſujet des remercîmens, je lui ai répondu que lorſque l'on méritoit, comme ſon fils, les ſuffrages de tous les honnêtes gens, il n'étoit pas difficile de réunir ceux de ſon Diſtrict.

Le compliment, ou plutôt la juſtice que je rendois à notre Aide-Major, l'attendrit au point qu'il verſa quelques larmes, & dans l'abondance de ſon cœur, il lui échappa de me dire que dans toutes les circonſtances de ſa vie, M. le Chevalier ſon frere l’avoit toujours dé-pouillé, tout en voulant lui prouver que les choſes étoient pour le mieux.

Quoiqu’à ces traits, je reconnuſſe quelques-uns des principes reprochés à M. le Chevalier, je m’abſtins de lui faire part d’aucune réflexion. Il m’entretint enſuite de la demande qu’il avoit faite d’une penſion ; je l’engageai à s’adreſſer à M. le Maire , & j’ajoutai que quand il ne s’agiroit plus que de l’aveu du Diſtrict, j’aimois à croire qu’il ne lui ſeroit pas refuſé. Depuis je n’ai ni vu ni rencontré M. Guillotte l’aîné, au point que je ne le reconnoîtrois pas, s’il paſſoit à mes côtés.

Une autre attaque de M. le Chevalier Guillotte, qui n’eſt ni moins injuſte, ni moins importante, c’eſt le reproche qu’il me fait d’être émigrant de mon Diſtrict naturel.

Je demande de quel Diſtrict je dois être ; ou des Blancs-Manteaux, ou de celui de S. Victor ? Dans le premier, je n’ai qu’un pied à terre, pour y paſſer les quatre mois de l’année, pendant leſquels les accès de ma maiſon du Marché aux Chevaux ſont impraticables. Je fais dans le ſecond un ſéjour habituel pendant le reſte de l’année , ayant d’ailleurs autour de ma maiſon plus de 70,000 liv. de propriétés.

Je ne pourrai donc jamais, pour complaire à M. Guillotte, me réfoudre à quitter cette maifon, que j'aime beaucoup à habiter.

J'ai dû me reconnoître de votre Diftrict, Meffieurs, parce que ma demeure y eft fixée, & que mes poffeffions y font fituées. Il eft vrai que je me fuis éloigné de vos Affemblées, tant que le fieur Guillotte y a confervé fa première influence. Mais c'eft fans ma participation que vous avez commencé à vous élever contre les intrigues qu'il avoit pratiquées au milieu de vous. Aucun efprit de vengeance ne m'a conduit à vous ouvrir les yeux fur des faits que vous connoiffiez mieux que moi.

Pourquoi me vois-je donc traiter moi-même d'intrigant par le fieur Guillotte ?

M'a-t il vu, pour faire tourner à mon profit la nouvelle conftitution, aller mendier de porte en porte des fuffrages intéreffés ?

Ai-je, pour extorquer des nominations utiles, provoqué des Affemblées irrégulières, dont les votans étoient entièrement à ma difpofition ?

A-t-on à me reprocher, qu'au mépris des Réglemens les plus formels, j'aie cumulé fur ma tête, & dans ma famille, toutes les places auxquelles mes Concitoyens avoient des droits égaux ?

'Ah ! fi l'on peut prouver contre moi de telles manœuvres , que je fois juftement livré à la cenfure·publique , je n'aurai pas méme le droit d'en murmurer.

Mais vous le fav.ez , Meffieurs , j'ai toujours eu une plus haute idée des devoirs d'un homme deftiné à fervir la chofe publique. Son caractère doit être l'oppofé de l'intrigant & du calomniateur. On ne doit point le voir fe faire remarquer par fon empreffement à faire fa cour aux Grands , & à ceux qui difpofent des places & de l'autorité. Il ne doit point ramper baffement auprès des uns , pour fe procurer les moyens d'opprimer ou de dominer ridiculement les autres.

Il faut en convenir , Meffieurs , que quelque mafque de décence qu'ait emprunté un pareil homme, il ne paroîtra toujours aux gens fenfés que l'agent faux & dangereux de l'ancienne ariftocratie.

Je me flatte que ce n'eft point fous cet afpect , que je me fuis préfenté à vos yeux , lorfque vous m'avez chargé de vous repréfenter à la Commune. A la vérité le fieur Guillotte s'efforce de diminuer le prix de cet honneur , en ofant affirmer que votre Affemblée n'étoit compofée que de dix à douze Membres. Vous pouvez m'en rendre témoignage. Sur cinquante-un Citoyens dont elle étoit formée, j'ai eu l'avantage de réunir les voix de quarante-sept.

Enfin le sieur Guillotte m'accuse à son égard d'un esprit de vengeance, parce que, dit-il, il est actuellement en procès avec moi pour défendre sa propriété.

Heureusement, Messieurs, vous pouvez vérifier la réalité de cette inculpation, dont voici l'objet.

J'ai acquis pour réunir à ma maison de la rue du haut Caillou, un terrein qui vient aboutir près le Marché aux Chevaux, & qui n'avoit alors d'entrée que sur un chemin appelé la Ruelle des Cendres. M. Guillotte s'est avisé de bâtir près de cette ruelle, & sans autre forme préalable, il a jugé à propos d'en comprendre le terrein dans son jardin. Mon entrée sur ce chemin se trouvoit en conséquence condamnée, malgré la commodité dont elle m'étoit. Je n'ai pu me défendre d'invoquer le pouvoir des loix contre une usurpation aussi formelle ; & voilà comme j'ai envahi la propriété du sieur Guillotte. Certes, je dois avoir tort, si l'ancien Inspecteur du Marché aux Chevaux avoit le droit de se rendre propriétaire de tous les terreins qui étoient à sa convenance, fussent-ils même des chemins publics.

Je crois, Messieurs, avoir répondu avec la vérité qui vous est due, aux différens reproches qui m'ont été faits par le sieur Guillotte. Ma défense vous a sans doute mis à portée de nous rendre justice à tous deux, & de juger quel est celui, qui dans toute cette affaire, s'est permis d'employer l'intrigue & la calomnie. J'attache peu de prix à rejetter la honte & le scandale de nos divisions particulières sur ceux qui les ont provoquées. Mais il sera toujours très-précieux pour moi de me montrer digne de votre estime & de votre confiance, & c'est en m'occupant constamment du bien public & du bonheur de mes Concitoyens, que j'espère continuer à me la concilier.

Je suis avec beaucoup de respect & de reconnoissance,

MESSIEURS & CHERS CONCITOYENS,

Votre très-humble & très-obéissant serviteur,

LEPRINCE.

Paris, le 14 Janvier 1790.

Le 19 Décembre 1789.

Messieurs,

Comme ma préfence dans vos refpectables Affemblées pourroit fervir de prétexte au fieur Guillotte d'exercer fa calomnie & de préjudicier à votre caufe, permettez-moi de m'en éloigner, jufqu'à ce que nos Juges fuprêmes aient fait droit à vos juftes réclamations. Je vous demanderai par grace, Meffieurs, & pour prix d'une fi cruelle privation, que vous ayez toujours la bonté de me regarder comme un de vos Membres, franc & loyal, qui par devoir, autant que par inclination, confacrera fes jours à vous donner des preuves en général, & à chacun de vous en particulier, de l'attachement fincère & refpectueux avec lequel il ne ceffera jamais d'avoir l'honneur d'être,

Messieurs,

Votre très-humble & très-obéiffant ferviteur,

Leprince.

EXTRAIT

Du Regiſtre des Délibérations du Diſtrict de S. Victor.

L'ASSEMBÉE Générale, ténue le 24 Janvier 1790, ayant entendu lecture d'une lettre de M. Leprince, adreſſée à M. d'Hervilly, Préſident de ce Diſtrict, à laquelle étoit jointe une autre lettre pour l'Aſſemblée Générale, leſdites deux lettres, en date de ce jour; lecture d'une autre lettre de M. Leprince, en date du 19 Décembre dernier, qui avoit déjà été lue à l'Aſſemblée dudit jour 19 Decembre; conſidérant que M. Leprince n'a eu aucune influence dans les Délibérations priſes contre M. Guillotte, & conformément aux demandes de M. Leprince, a arrêté,

1°. Qu'elle laiſſe à la ſageſſe de M. Leprince de faire imprimer leſdites lettres, pour en faire tel uſage qu'il jugera convenable.

2°. L'Aſſemblée l'autoriſe à faire imprimer le préſent Arrêté à la ſuite des lettres.

3°. Et enfin que lesdites lettres seront transcrites sur le Regiftre des Délibérations.

Fait & arrêté les jour & an que deſſus, & ont les votans ſigné.

Signé, POUCHAIN, *Secrétaire.*

De l'Imprimerie de CHARDON, rue de la Harpe. 1790.